Cavalinho de flores

Copyright © 2008 by
FEDERAÇÃO ESPÍRITA BRASILEIRA – FEB

2ª edição — Impressão pequenas tiragens — 7/2025

ISBN 978-85-7328-764-6

Todos os direitos reservados. Nenhuma parte desta publicação pode ser reproduzida, armazenada ou transmitida, total ou parcialmente, por quaisquer métodos ou processos, sem autorização do detentor do *copyright*.

FEDERAÇÃO ESPÍRITA BRASILEIRA – FEB
SGAN 603 – Conjunto F – Avenida L2 Norte
70830-106 – Brasília (DF) – Brasil
www.febeditora.com.br
editorial@febnet.org.br
+55 61 2101 6161

Pedidos de livros à FEB
Comercial
Tel.: (61) 2101 6161 – comercial@febnet.org.br

Adquirindo esta obra, você está colaborando com as ações de assistência e promoção social da FEB e com o Movimento Espírita na divulgação do Evangelho de Jesus à luz do Espiritismo.

Dados Internacionais de Catalogação na Publicação (CIP)
(Federação Espírita Brasileira – Biblioteca de Obras Raras)

G633c   Gomide, Magdalena del Valle, 1935-

        Cavalinho de flores / Magdalena del Valle Gomide; [ilustrações Lourival Bandeira de Melo Neto]. – 2. ed. – Impressão pequenas tiragens – Brasília: FEB, 2025.

        36 p.; il. color.; 25 cm.

        ISBN 978-85-7328-764-6

        1. Literatura infantojuvenil espírita. I. Melo Neto, Lourival Bandeira de. II. Federação Espírita Brasileira. III. Título.

CDD 869.3
CDU 869.3
CDE 81.00.00

Magdalena del Valle Gomide

Cavalinho de flores

Você acha bom pensar em coisas belas?

Vamos inventar juntos?
Então, vamos!

Vamos inventar primeiro um... cavalinho de flores?

É uma boa ideia?
Como seria bonitinho se existisse de verdade!

Mas podemos imaginar um.
Veja!

Quem poderia montar nesse cavalinho?
Abelhas, com certeza. Quem mais?

Pense.

E agora, um queijo de pedacinhos de Lua...

Gostou dessa?

Se fosse possível, seria gostoso?
Alguém poderia comer esse queijo?

Nem imagino... Acho que não. E você?

Pense em outros tipos de queijo bem
engraçados...

Ah!
Podemos pensar em... brincos de luz do Sol.

Estrelas podem usar enfeite? Elas já são tão bonitas e brilham tanto que não precisam...

E nós?

Brincos comuns são melhores para enfeitar as pessoas. O que você acha?

Vamos simplesmente apreciar a beleza do Sol e gozar de todos os benefícios que ele nos oferece.

Que tal tênis de escamas?

Essa ideia é bem bonitinha...

Você gostaria de usar um?

Podemos pensar em outros enfeites.
Quais você sugere?

Você tem um tênis? Quer enfeitá-lo? Peça ajuda a algum de seus amigos, à professora ou a alguém que more com você.

Você gostaria de viver em um mundo de luzes...

onde todas as coisas fossem cheias de brilho?
O mundo seria como uma enorme árvore de Natal, repleta de enfeites iluminados...

Seria lindo, mas o nosso planeta já é tão bonito...

Precisamos cuidar bem dele.

Você não acha?

Seria bom navegar em um mar de pérolas?

Como seria belo o mar colorido pelos raios de sol ao entardecer...
Os peixinhos poderiam viver nesse mar? As crianças poderiam nadar? E os navios? Como ficariam?

Realmente seria muito bonito, mas melhor mesmo é ser como é.

Você não acha?
Tem alguma outra ideia?

E se soprasse um vento de paz?

Desse vento todos gostariam porque o mundo todo deseja a paz...

Que esse vento sopre logo sobre todas as pessoas para que se sintam tranquilas e felizes...

E você, o que pensa?

As pessoas precisam conquistar a paz? Como?

E assim teríamos todos um relógio de horas felizes...

Viveríamos apenas bons momentos.

Então, você acha que esse relógio seria uma boa?
Para que todas as horas sejam de felicidade, é preciso que sejamos amigos uns dos outros.

Pense em outras vantagens desse relógio.

Pense também em como é bom ter amigos.

E agora, vamos sentir coisas boas?

Amor no coração é bom?
Se é.

Então sinta...
Primeiro, beijos de algodão...
O carinho de quem gosta de nós aquece o nosso coração e nos deixa felizes.

É muito bom receber beijos das pessoas que nos querem bem. Parecem floquinhos de algodão acariciando nosso rosto.

Beijo dos amigos é ótimo.

Pense nas pessoas de quem você gosta.

Que sentimos quando temos sonhos de alegria?

Acordamos felizes, com vontade de dar bom dia a todos, abraçar as pessoas, ajudar os amigos, ir à escola...

Ficamos de bem com a vida...

Pense em sonhos que você gostaria de ter.

Existe alguma coisa melhor do que ter amigos de verdade?

Os amigos nos ajudam nos momentos difíceis e se alegram conosco quando estamos felizes.

Você tem algum bom amigo?

De quem você lembra agora? Quem mais?

Deseje alguma coisa boa a seus amigos...

Você já recebeu abraços de pingos de chuva?

Quando a chuva cai fininha
parece nos abraçar.
Mas é gostoso correr para
dentro de casa e vê-la pela
janela molhando os telhados, as
plantas, as ruas...

Quando chove é bom ler,
arrumar coisas...
E o que mais?

Pense no que você mais gosta de fazer nos dias de chuva.

E sentir a beleza da bondade?

É muito importante ser bom...

Você procura ser bom para seus pais, seus irmãos, para as pessoas que moram com você? E para seus amigos?

Pense nas pessoas que tratam os outros com bondade.

O médico, a enfermeira... E quem mais?
Elas não são bonitas?

E quando temos pensamentos generosos?

É muito bom fazer coisas boas para os outros...
Ficamos felizes e cada vez com mais vontade de ajudar...

Você gosta de pensar em coisas boas?

Faça isso sempre.

E de ajudar?

Você tem outras ideias belas e outros sentimentos bons?

Quais?
Pense.

Vivendo assim, seremos donos de um mundo de paz e de felicidade.

Conselho Editorial:
Carlos Roberto Campetti
Cirne Ferreira de Araújo
Evandro Noleto Bezerra
Geraldo Campetti Sobrinho – Coord. Editorial
Jorge Godinho Barreto Nery – Presidente
Maria de Lourdes Pereira de Oliveira
Miriam Lúcia Herrera Masotti Dusi

Produção Editorial:
Elizabete de Jesus Moreira

Revisão:
Lígia Dib Carneiro

Capa e tratamento de imagem:
João Guilherme Andery Tayer

Projeto gráfico e Diagramação:
Ingrid Saori Furuta

Ilustrações:
Lourival Bandeira de Melo Neto

Normalização Técnica:
Biblioteca de Obras Raras e Documentos Patrimoniais do Livro

CAVALHINHO DE FLORES				
EDIÇÃO	IMPRESSÃO	ANO	TIRAGEM	FORMATO
1	1	2008	3.000	18x26
1	2	2009	2.000	18x26
1	3	2010	1.000	18x26
2	1	2013	2.000	20x25
2	IPT*	2023	50	20x25
2	IPT	2024	50	20x25

*Impressão pequenas tiragens

Esta edição foi impressa no sistema de Impressão pequenas tiragens, todos em formato fechado de 200x250 mm. Os papéis utilizados foram o Couché fosco 90 g/m² para o miolo e o Cartão 250 g/m² para a capa. O texto principal foi composto em fonte Amaranth 20/24 e Amaranth 28/33,6. Impresso no Brasil. *Presita en Brazilo.*